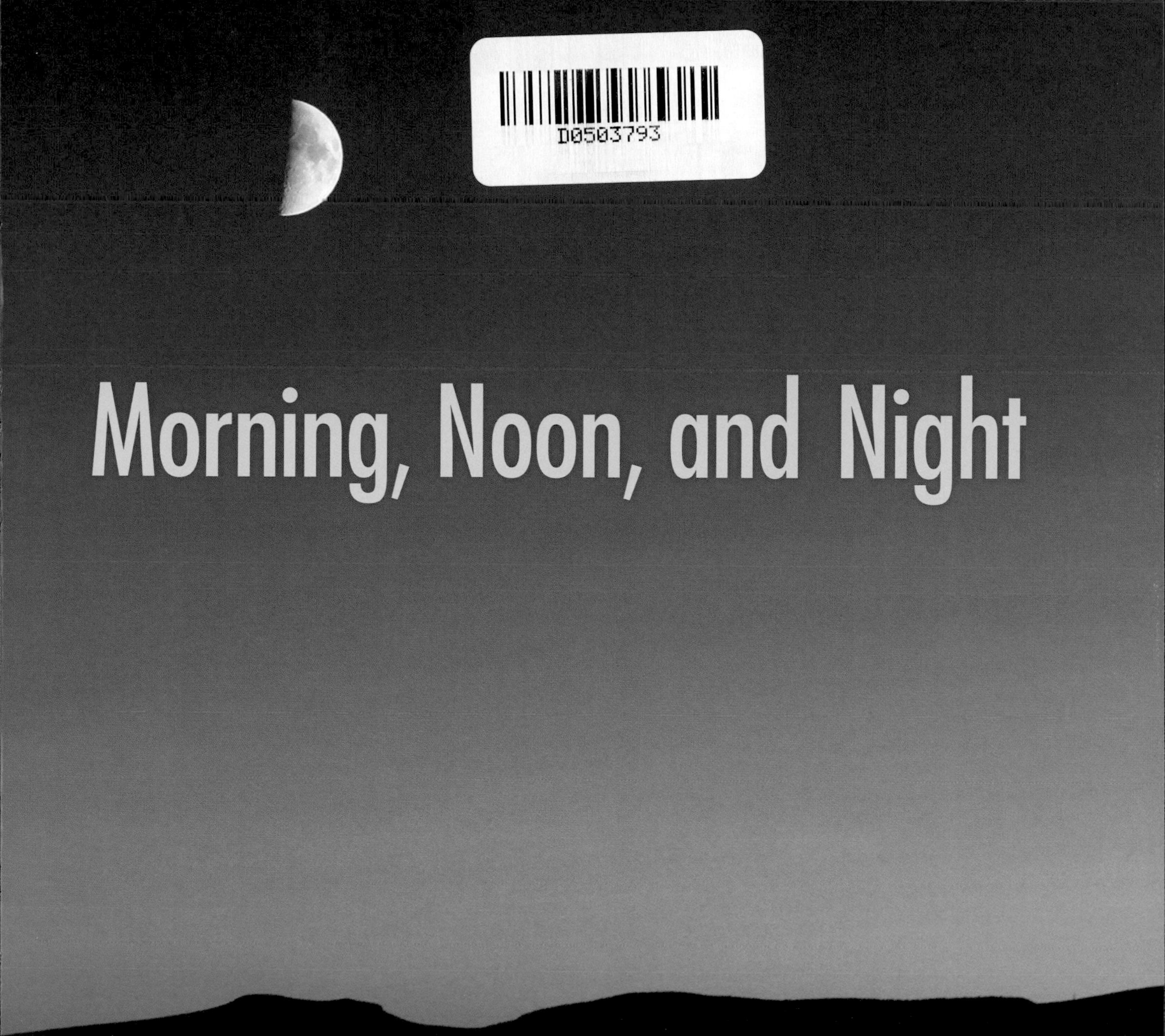

Morning, Noon, and Night

morning

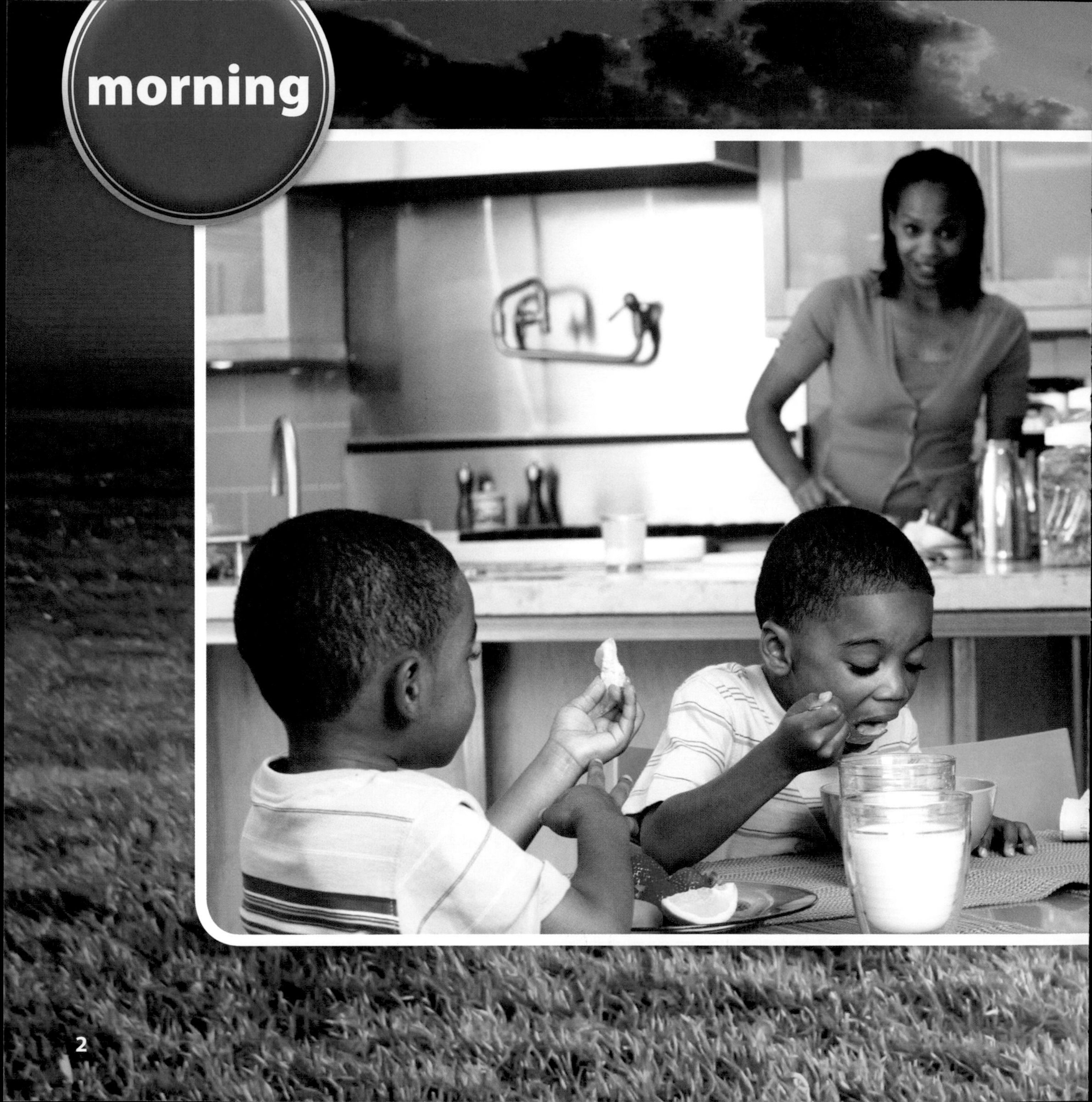

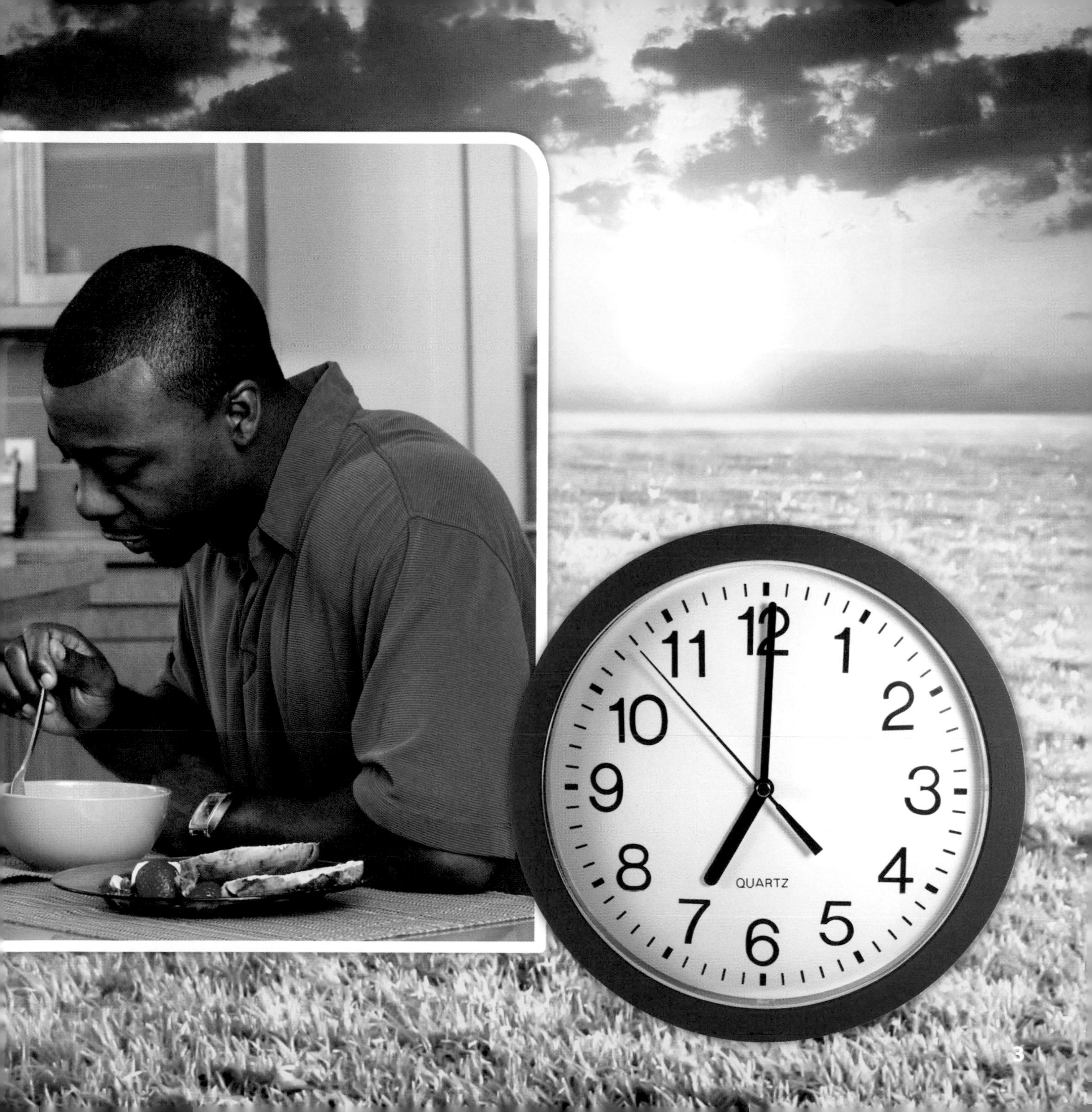
QUARTZ

noon

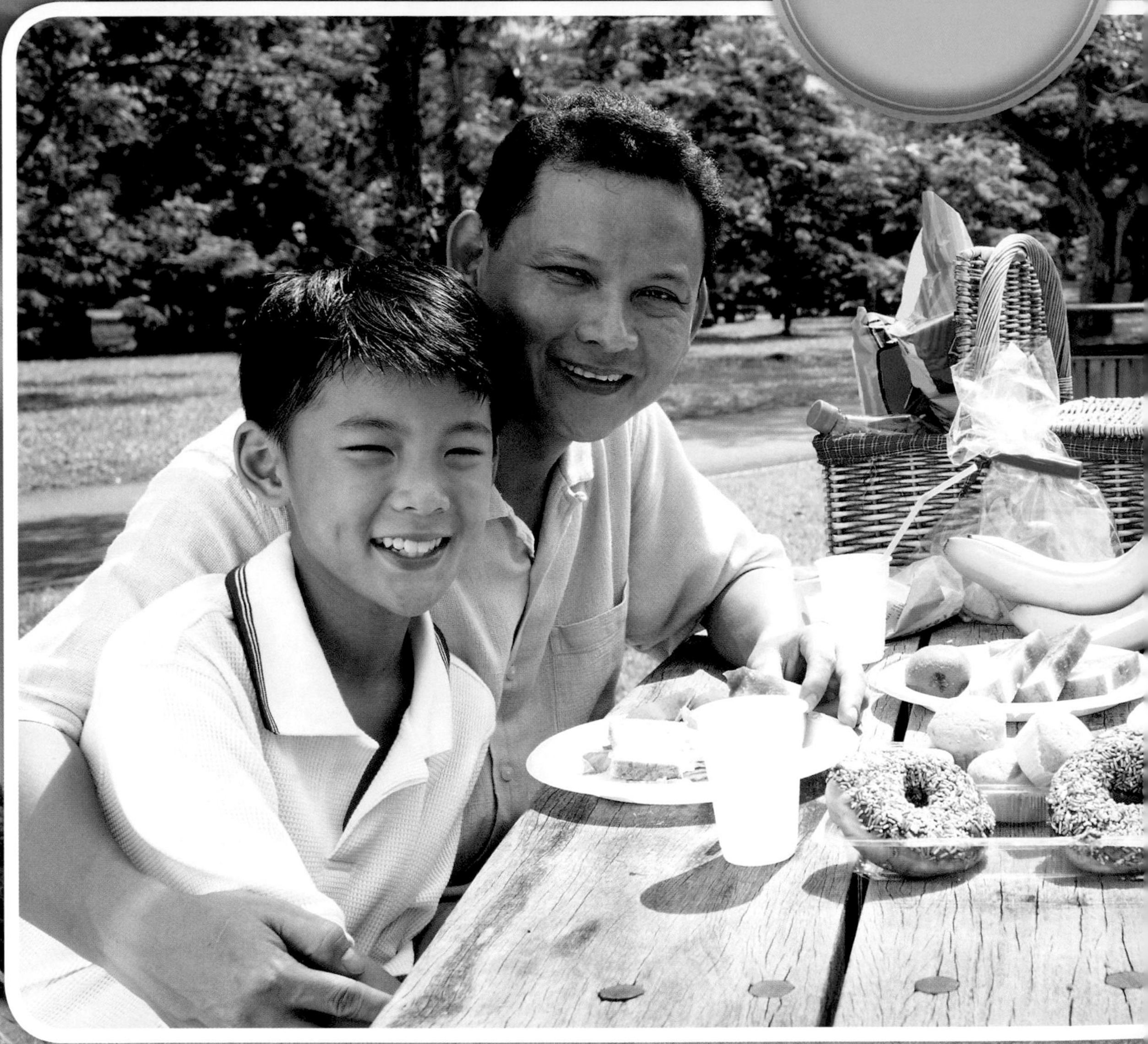

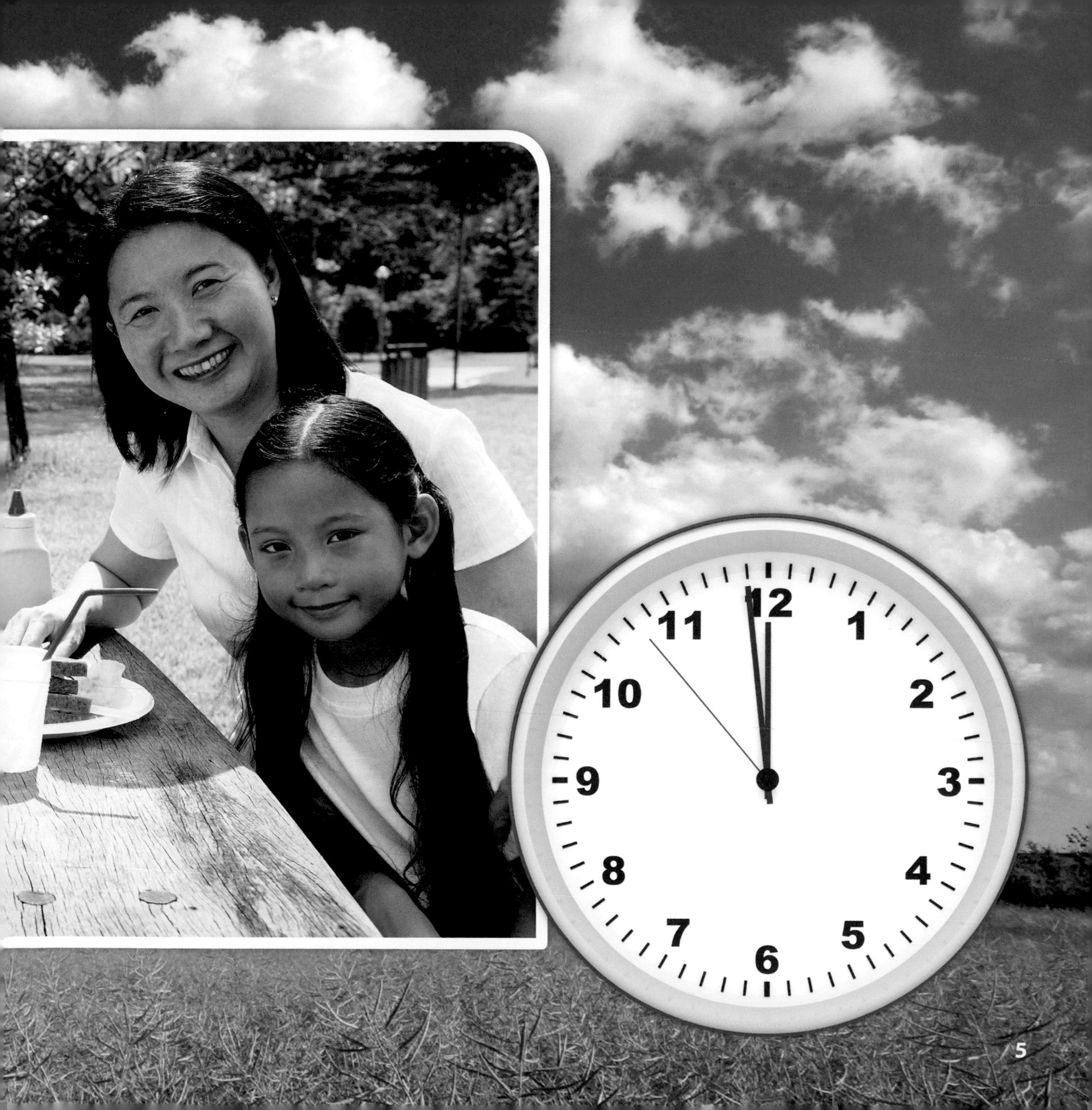
12
1
2
3
4
5
6
7
8
9
10
11

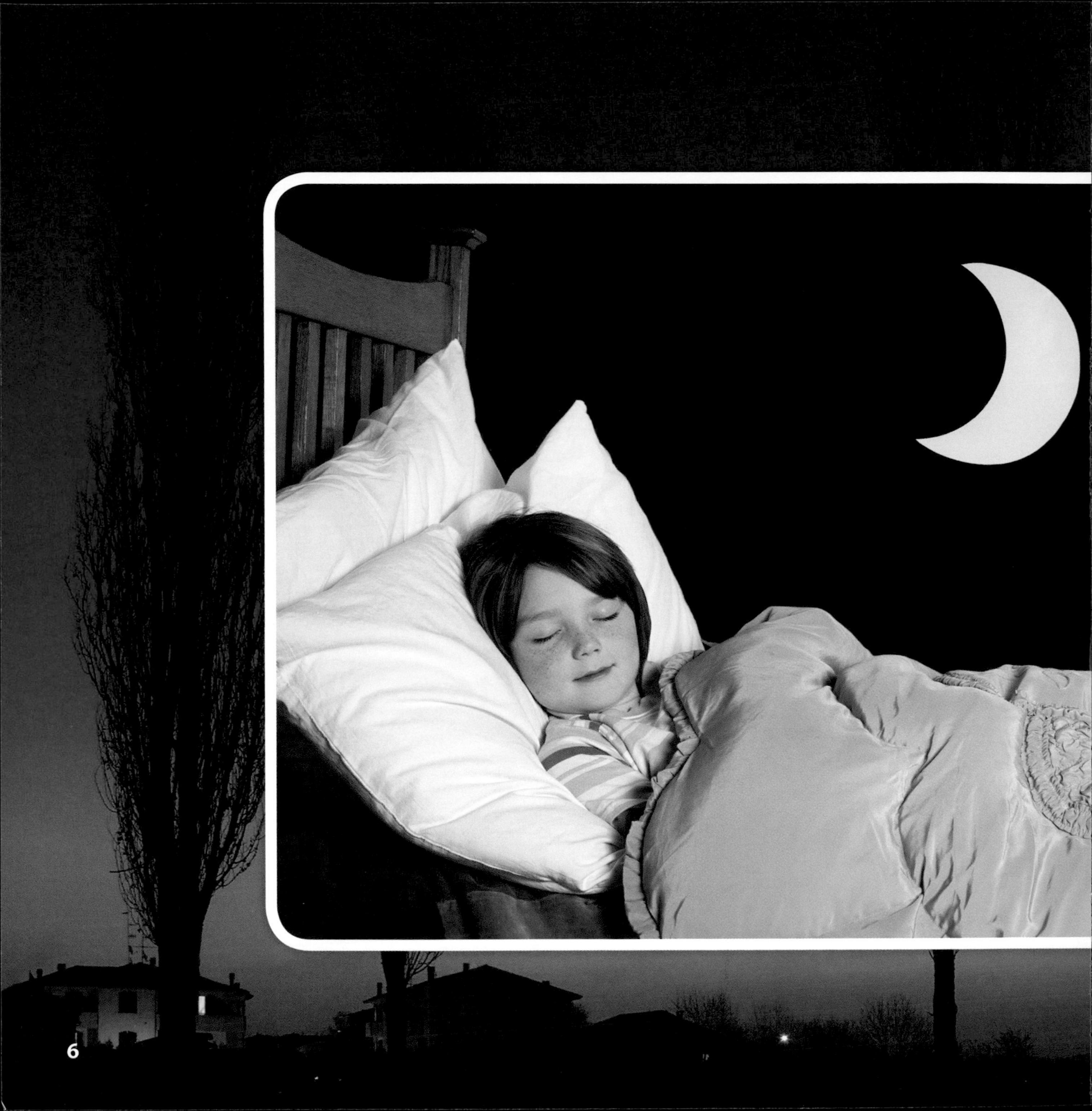

night

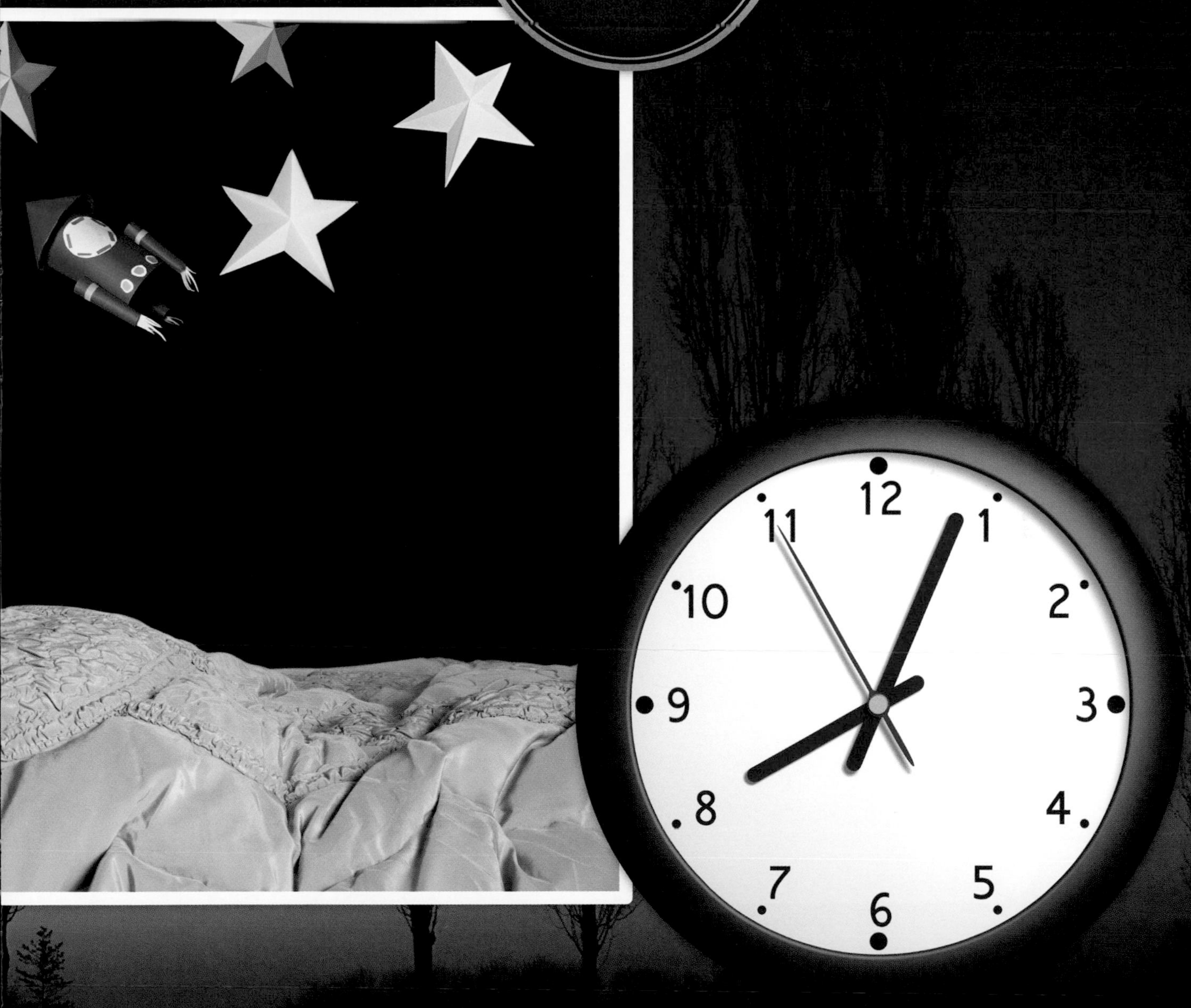

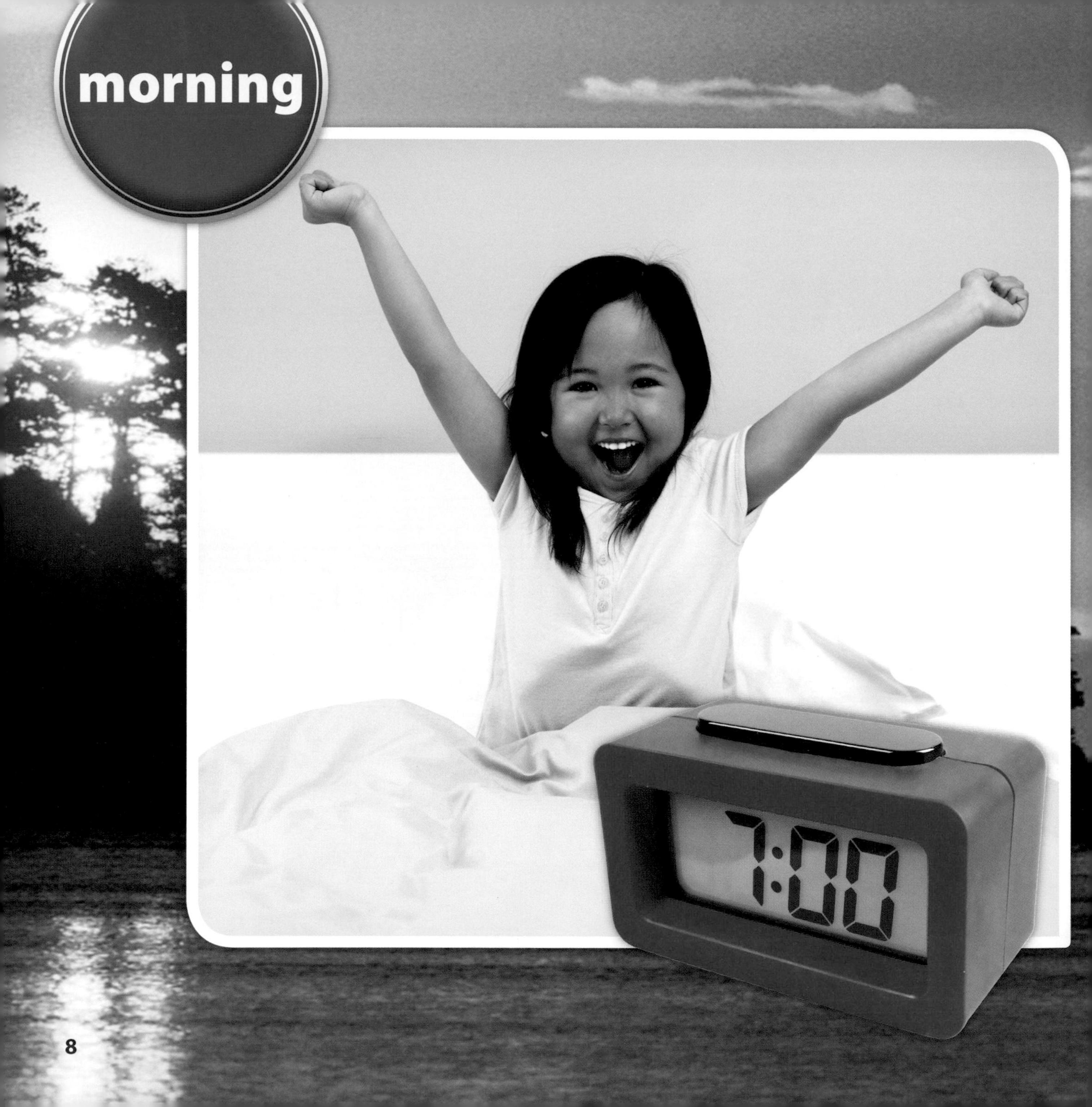
morning
7:00